WordPress

La boite à outils pour créer des sites Web de qualité

Nicolas Vardel

SOMMAIRE

Avis de non-responsabilité

« Les insectes ne s'attaquent qu'aux lumières qui brillent »

Le présent texte est une Clause de non-responsabilité s'appliquant à l'intégralité de ce livre. Le lecteur est informé que l'ensemble du contenu de ce livre est fourni à titre non contractuel et strictement destiné à des fins purement informatives.

L'auteur de ce livre ne fournit aucune déclaration, aucun engagement ni aucune garantie d'aucune nature, implicite ou explicite, quant à l'exactitude, la véracité, la fiabilité, l'applicabilité, l'adéquation ou l'exhaustivité des informations présentes dans ce livre. Le contenu de ce livre est susceptible d'avoir été produit et ou traduit à l'aide de mécanismes automatisés. En aucun cas, l'auteur de ce livre ne saurait être tenu responsable de la présence d'imperfections, d'erreurs, d'omissions, ou de l'inexactitude du contenu proposé dans ce livre.

Aucune utilisation des informations présentes dans ce livre, de quelque manière que ce soit, ne saurait ouvrir droit à un quelconque dédommagement ou compensation quel qu'en soit sa nature.

L'auteur de ce livre ne saurait en aucun cas être tenu responsable, d'aucune manière, de tout dommage ou préjudice, de quelque nature que ce soit, direct ou indirect, lié ou non à la négligence, pouvant entre autres, découler de l'utilisation de quelque manière que ce soit des informations contenues dans ce livre, et ce, que l'auteur soit ou non avisé de la possibilité de tels dommages.

Le lecteur demeure, en toutes circonstances, le seul et l'unique responsable de l'utilisation et de l'interprétation des informations figurant dans le présent livre et des conséquences qui pourraient en découler.

Toute utilisation du contenu de ce livre de quelque manière que ce soit s'effectue aux risques et périls du lecteur uniquement et n'engage, en aucun cas, aucune responsabilité d'aucune sorte de l'auteur de ce livre.

Si le lecteur ne comprend pas un mot ou une phrase de la présente Clause de non-responsabilité, ou qu'il n'en accepte pas en partie ou pleinement les termes, il doit obligatoirement renoncer à toute utilisation de ce livre et s'engage à le supprimer ou le détruire sans délai.

INTRODUCTION

À l'ère numérique, où une présence en ligne est vitale pour les particuliers, les entreprises et les organisations, il est essentiel de disposer d'une plate-forme puissante et polyvalente pour créer des sites Web. WordPress est une pierre angulaire dans le monde du développement Web, offrant une interface intuitive et conviviale qui permet aux débutants et aux professionnels chevronnés de créer des sites Web époustouflants sans avoir besoin de connaissances approfondies en matière de codage.

Ce livre est votre guide complet pour naviguer dans le vaste paysage de WordPress, libérer tout son potentiel et créer des sites Web qui non seulement sont impressionnants, mais fonctionnent également de manière transparente. Que vous soyez un entrepreneur souhaitant lancer une boutique en ligne, un blogueur partageant vos passions avec le monde ou un développeur cherchant à se plonger dans les subtilités de WordPress, ce livre est adapté à votre parcours.

Au cours des chapitres suivants, nous approfondirons les aspects fondamentaux de WordPress, en vous guidant tout au long du processus de configuration de votre site Web, de conception de mises en page captivantes, d'optimisation pour les moteurs de recherche et même d'extension des capacités de votre site grâce à des personnalisations et des plugins. De la maîtrise de l'art de la création de contenu à la garantie de la sécurité et des performances, nous vous doterons des compétences et des connaissances nécessaires pour créer une présence en ligne solide et attrayante.

Quel que soit votre niveau d'expérience, notre objectif est de rendre ce livre accessible et instructif. Si vous êtes nouveau sur WordPress, n'ayez crainte, les premiers chapitres vous présenteront en douceur l'interface et les fonctionnalités de la plateforme. Pour l'utilisateur chevronné de WordPress, des sujets avancés tels que le développement personnalisé et les sites Web multilingues fourniront de nouvelles perspectives et techniques pour améliorer vos projets.

Notre objectif est que vous terminiez ce livre en vous sentant confiant et inspiré, armé des outils nécessaires pour créer des sites Web qui non seulement répondent à vos attentes, mais les dépassent. WordPress est plus qu'une simple plateforme ; c'est une toile qui attend votre touche créative. Embarquons ensemble dans ce voyage, alors que nous explorons l'art de la création Web à travers le prisme des vastes capacités de WordPress.

Chapitre 1 : Qu'est-ce que WordPress ?

a. Comprendre la puissance de WordPress

WordPress se présente comme un paradigme de la révolution numérique, redéfinissant le paysage du développement Web et de la gestion de contenu. Née en tant que plateforme de blogs en 2003, elle a depuis évolué pour devenir un système de gestion de contenu (CMS) polyvalent qui alimente des millions de sites Web à travers le monde. Sa montée en puissance peut être attribuée à son interface conviviale, à son vaste écosystème de plug-ins et à une communauté dynamique de développeurs et d'utilisateurs. En comprenant la puissance multiforme de WordPress, on peut saisir son importance dans la formation de l'écosystème numérique contemporain.

À la base, WordPress offre une interface intuitive et accessible qui démocratise la création de sites Web. La séparation du contenu et de la conception, obtenue par le biais de thèmes, permet aux utilisateurs de se concentrer sur leur message plutôt que de se débattre avec les subtilités du code. Ce concept est illustré dans son éditeur « Ce que vous voyez est ce que vous obtenez » (WYSIWYG), permettant aux utilisateurs de formater le contenu visuellement, à la manière des traitements de texte. L'impact transformateur de cette approche est mieux illustré par son rôle dans la révolution de l'industrie de l'édition. Les entités médiatiques traditionnelles et les blogueurs indépendants ont exploité WordPress pour publier et diffuser sans effort des informations, facilitant ainsi un accès plus large et plus démocratique au savoir.

La puissance de WordPress est encore soulignée par son vaste écosystème de plugins, qui permet la personnalisation de sites Web avec une vaste gamme de fonctionnalités. Qu'il s'agisse de l'intégration du commerce électronique via WooCommerce, de l'optimisation des moteurs de recherche avec Yoast SEO ou de l'amélioration de la sécurité via Wordfence, les plugins offrent des solutions pour pratiquement tous les besoins numériques. Prenons l'exemple d'une petite entreprise cherchant à créer une boutique en ligne. Avec des plugins comme WooCommerce, il peut configurer de manière transparente une plate-forme de commerce électronique avec des fonctionnalités de catalogage de produits, de paniers d'achat et de passerelles de paiement sécurisées, le tout sans connaissances avancées en codage.

Le concept de « thèmes » dans WordPress montre son pouvoir de transformer l'esthétique numérique et les expériences des utilisateurs. Les thèmes sont des modèles prédéfinis qui déterminent la mise en page, la palette de couleurs et la typographie d'un site Web. Une seule installation WordPress peut être entièrement remaniée en activant simplement un thème différent, permettant aux entreprises, aux blogueurs et aux artistes d'expérimenter diverses identités visuelles. Cette capacité s'étend au-delà des changements au niveau de la surface, car les thèmes peuvent être complétés par un codage CSS personnalisé pour atteindre des objectifs de conception très spécifiques. Par conséquent, un artiste cherchant à présenter un portfolio peut passer sans effort d'un thème élégant et minimaliste à une mise en page vibrante et dynamique, soulignant l'adaptabilité et le potentiel artistique de la plateforme.

L'autonomisation offerte par WordPress va au-delà des créateurs de contenu pour englober les développeurs et les concepteurs. Sa nature open source leur donne accès au code source, permettant des modifications et des innovations adaptées à des besoins spécifiques. Une telle malléabilité devient évidente dans le développement de «thèmes enfants», qui héritent des attributs d'un thème parent tout en permettant aux développeurs d'apporter des modifications personnalisées sans affecter la fonctionnalité du thème principal. Cette pratique garantit que tout en utilisant un thème très populaire, une identité unique peut être maintenue, emblématique de l'adaptabilité de la plateforme aux débutants comme aux professionnels chevronnés.

b. Naviguer dans le tableau de bord WordPress

Le tableau de bord WordPress sert de centre de contrôle du système de gestion de contenu WordPress (CMS), agissant comme une interface dynamique à travers laquelle les utilisateurs gèrent et administrent leurs sites Web. Lors de la connexion, les utilisateurs sont accueillis par une gamme complète de menus, de panneaux et d'outils, chacun méticuleusement conçu pour faciliter la création de contenu, la personnalisation et les tâches administratives efficaces. Comprendre les nuances de la navigation dans le tableau de bord WordPress est primordial pour les utilisateurs novices et expérimentés, car il constitue le fondement de la gestion de site Web.

Au cœur du tableau de bord se trouve l'écran "Accueil", offrant un aperçu de l'activité du site et des mises à jour essentielles. Les utilisateurs reçoivent un aperçu de l'activité récente, y compris les messages récemment publiés, les commentaires en attente de modération et les notifications système. Ce hub central rationalise l'engagement des utilisateurs avec les éléments du site qui nécessitent une attention immédiate. Par exemple, un blogueur qui cherche à répondre rapidement aux commentaires sur son dernier message peut facilement identifier et accéder à la section pertinente directement depuis l'écran d'accueil.

Les sections "Posts" et "Pages" offrent des voies distinctes vers la création de contenu. Dans la section "Messages", les utilisateurs peuvent rédiger, modifier et publier des messages de blog, des articles et des mises à jour. De même, la section "Pages" facilite la création de pages statiques telles que les pages À propos, Contact et Services, essentielles pour fournir aux visiteurs des informations fondamentales sur l'objectif et les offres du site Web. Par exemple, un entrepreneur qui lance une nouvelle boutique en ligne peut utiliser la section "Pages" pour créer une page informative "À propos de nous" qui établit la philosophie et la mission de la marque.

Un aspect essentiel du tableau de bord WordPress est la bibliothèque "Média", dans laquelle des images, des vidéos, des fichiers audio et des documents sont stockés et gérés. Ce référentiel simplifie le processus d'insertion d'éléments multimédias dans les publications et les pages. Un photographe, par exemple, peut facilement télécharger et organiser un portefeuille d'images dans la bibliothèque "Médias", puis les intégrer dans différentes pages pour présenter leur travail sans avoir besoin d'un codage complexe.

Le menu "Apparence" ouvre le domaine du design et de la personnalisation. En accédant à "Thèmes", les utilisateurs peuvent explorer, prévisualiser et appliquer divers modèles visuels à leurs sites Web. Ce menu donne également accès au "Customizer", une interface qui permet des ajustements en temps réel des thèmes, des polices, des couleurs et des mises en page. Un propriétaire de site de commerce électronique pourrait, par exemple, expérimenter différents thèmes et adapter les combinaisons de couleurs pour s'aligner sur l'identité de sa marque.

En naviguant plus loin, le menu "Plugins" offre un aperçu des plugins installés et de leurs fonctionnalités. Les utilisateurs peuvent activer, désactiver et configurer des plug-ins qui améliorent les fonctionnalités du site Web. Considérez un site Web éducatif cherchant à mettre en œuvre des quiz interactifs. L'administrateur du site peut accéder à la section "Plugins", installer un plug-in de quiz et le configurer pour engager les étudiants dans des expériences d'apprentissage interactives.

Le menu "Utilisateurs" facilite la gestion et la collaboration des utilisateurs. Les administrateurs de site peuvent créer et gérer des comptes avec différents niveaux d'accès et d'autorisations. Dans un cadre éducatif, cette fonctionnalité est inestimable, car les enseignants peuvent collaborer à l'élaboration de supports de cours et accorder aux étudiants l'accès à des ressources spécifiques.

c. Choisir le bon hébergement et le bon domaine

La sélection des services d'hébergement et de domaine appropriés constitue une phase cruciale dans le processus d'établissement d'une présence numérique à l'aide de WordPress. L'hébergement sert de base sur laquelle un site Web fonctionne, tandis qu'un nom de domaine agit comme son adresse unique dans la vaste étendue d'Internet. Naviguer dans ce processus de sélection nécessite une compréhension nuancée des diverses options d'hébergement, de leurs fonctionnalités associées et des considérations stratégiques liées à la dénomination de domaine. Une décision bien informée dans ce domaine a un impact significatif sur les performances, l'accessibilité et l'identité de marque d'un site Web.

Les options d'hébergement Web englobent l'hébergement partagé, sur serveur privé virtuel (VPS), dédié et cloud. L'hébergement partagé, caractérisé par la rentabilité, implique que plusieurs sites Web partagent des ressources sur un seul serveur. Bien qu'il convienne aux débutants et aux petits sites Web, il peut entraîner des goulots d'étranglement des performances lors des pics de trafic. L'hébergement VPS, offrant une partie dédiée des ressources d'un serveur, établit un équilibre entre le coût et les performances, ce qui le rend idéal pour les sites Web en croissance avec un trafic modéré. L'hébergement dédié, en revanche, fournit un serveur complet pour un seul site Web, garantissant des performances élevées mais à un coût plus élevé. L'hébergement cloud, utilisant un réseau de serveurs interconnectés, offre une évolutivité et une résilience, adaptées aux sites Web qui attendent des niveaux de trafic variables.

Le choix de l'hébergement doit correspondre à la nature et aux objectifs du site Web. Par exemple, un blog personnel ou un site Web de portefeuille peut prospérer sur un hébergement partagé, tandis qu'une plate-forme de commerce électronique nécessite la fiabilité d'un VPS ou d'un hébergement dédié. De plus, les modèles de trafic anticipés jouent un rôle essentiel. Un site Web d'actualités couvrant des événements actuels peut connaître des augmentations soudaines du trafic pendant les dernières nouvelles, ce qui justifie un hébergement dans le cloud pour une évolutivité transparente.

La sélection de domaine, d'autre part, implique la création d'une adresse qui résume l'objectif d'un site Web et améliore son image de marque. Un nom de domaine doit être concis, mémorable et pertinent par rapport au contenu ou à l'entreprise qu'il représente. Prenons l'exemple d'une boulangerie qui lance une boutique en ligne. Opter pour un domaine comme "DeliciousBitesBakery.com" transmet immédiatement l'orientation du site Web et offre un message de marque clair. De plus, les extensions de domaine, telles que .com, .org ou .net, ont des connotations variables. Une organisation à but non lucratif peut préférer une extension .org, soulignant sa nature axée sur la mission.

De plus, les implications d'un nom de domaine vont au-delà de son attrait esthétique. Cela peut influencer les efforts d'optimisation des moteurs de recherche (SEO). Les mots-clés au sein du domaine peuvent améliorer les classements des moteurs de recherche, ce qui facilite la découverte. Un studio de photographie ciblant une clientèle de mariage pourrait bénéficier d'un domaine tel que "WeddingMomentsPhotography.com", car il contient des mots clés pertinents que les utilisateurs sont susceptibles de rechercher.

Les considérations de sécurité sont primordiales dans ce contexte. Les fournisseurs d'hébergement fiables offrent des fonctionnalités de sécurité robustes, notamment des certificats SSL, qui cryptent les transmissions de données entre les utilisateurs et le site Web. Cet aspect de sécurité est crucial pour les sites Web de commerce électronique qui traitent des informations sensibles sur les clients, garantissant la confidentialité et la fiabilité des transactions.

Chapitre 2 : Configurer votre site WordPress

a. Installer WordPress

Le processus d'installation de WordPress marque le début du parcours numérique d'un site Web, aboutissant à la création d'une plateforme en ligne fonctionnelle et dynamique. Cette étape cruciale consiste à configurer les composants logiciels, les bases de données et les paramètres nécessaires qui permettent au système de gestion de contenu WordPress (CMS) de fonctionner de manière transparente. Comprendre les nuances de l'installation de WordPress fait partie intégrante de l'établissement d'une base solide pour les stratégies de création, de personnalisation et d'engagement de contenu ultérieures.

Le processus d'installation commence par l'acquisition de la dernière version du logiciel WordPress à partir de son site officiel. Après avoir téléchargé le progiciel, il doit être téléchargé sur le serveur Web. Cela peut être réalisé à l'aide d'un client FTP (File Transfer Protocol) ou via le gestionnaire de fichiers du fournisseur d'hébergement. Les fichiers téléchargés sont ensuite extraits, remplissant ainsi le répertoire du site Web désigné avec les fichiers et dossiers WordPress requis.

Une fois les fichiers en place, l'étape suivante consiste à créer une base de données qui hébergera le contenu et les paramètres du site Web. Cela peut souvent être fait via le panneau de contrôle du fournisseur d'hébergement ou un outil de gestion de base de données distinct. La configuration de la base de données implique de spécifier le nom de la base de données, le nom d'utilisateur, le mot de passe et l'hôte. Ces détails établissent le lien nécessaire entre l'installation de WordPress et la base de données.

Après avoir configuré la base de données, l'accès au domaine du site Web dans un navigateur Web lance le processus d'installation de WordPress. Cela invite les utilisateurs à fournir des informations fondamentales telles que le titre du site, le nom d'utilisateur de l'administrateur, le mot de passe et l'adresse e-mail. Ce compte administratif détient les clés de gestion du site Web, nécessitant un mot de passe robuste et sécurisé pour empêcher tout accès non autorisé.

Suite à la soumission de ces détails, WordPress s'engage dans une installation préliminaire qui génère la structure de base, les paramètres et les thèmes par défaut du site Web. Une fois l'installation réussie, les utilisateurs peuvent se connecter au tableau de bord WordPress, qui sert de noyau opérationnel du site Web. Ce tableau de bord permet aux utilisateurs de créer et de gérer du contenu, de personnaliser des éléments de conception et de configurer divers paramètres en fonction de leurs besoins uniques.

Par exemple, considérez un écrivain indépendant établissant un portfolio en ligne. En suivant assidûment le processus d'installation, ils peuvent rapidement passer du téléchargement de fichiers à la création de contenu engageant dans l'environnement WordPress. Ce processus souligne l'importance de l'installation non seulement en tant qu'effort technique, mais aussi en tant que passerelle vers l'expression créative et la présence numérique.

b. Configuration des paramètres essentiels

La configuration des paramètres essentiels dans le système de gestion de contenu WordPress (CMS) constitue une phase cruciale dans l'établissement d'un site Web qui s'aligne sur les fonctionnalités, l'image de marque et l'expérience utilisateur souhaitées. Ces paramètres englobent un éventail d'options, allant des informations générales sur le site aux paramètres d'optimisation des moteurs de recherche (SEO). Une compréhension approfondie de ces paramètres permet aux administrateurs de sites Web d'adapter leurs plates-formes à des objectifs spécifiques tout en garantissant des performances et un engagement des utilisateurs optimaux.

À partir de la section "Paramètres généraux", les administrateurs peuvent définir des paramètres fondamentaux tels que le titre du site, le slogan et l'adresse e-mail administrative. Ces détails sont importants car ils servent souvent de premiers points d'interaction pour les visiteurs, véhiculant l'objectif et l'identité du site Web. Par exemple, un blog technologique peut comporter un titre de site concis comme "TechBytes" et un slogan qui résume son objectif principal, comme "Exploring the Digital Frontier".

La section "Paramètres de lecture" permet de contrôler le contenu par défaut affiché sur la page d'accueil du site Web et les pages suivantes. Les administrateurs du site Web peuvent choisir entre afficher les derniers messages ou une page statique comme page d'accueil. Cette flexibilité est illustrée dans un scénario où le site Web d'une organisation à but non lucratif vise à mettre en évidence son énoncé de mission et ses initiatives sur la première page, créant une première impression percutante sur les visiteurs.

Dans le domaine des "Paramètres de discussion", les administrateurs peuvent dicter des paramètres pour le contenu généré par l'utilisateur, en particulier les commentaires. Ces paramètres permettent aux administrateurs de définir si les commentaires sont autorisés sur les publications, la nécessité d'approuver les commentaires et les mécanismes de lutte contre le spam. Par exemple, un blog de photographie peut encourager les discussions sur ses publications, nécessitant une approbation manuelle des commentaires pour maintenir un discours respectueux et pertinent.

Les "Paramètres des permaliens" jouent un rôle central dans la définition de la structure de l'URL du site Web. Ce paramètre influence directement le référencement en déterminant le format des URL des publications et des pages. Bien que la structure par défaut comprenne des identifiants numériques, sa personnalisation pour inclure des titres de publication améliore la lisibilité et la visibilité des moteurs de recherche. Un site Web de voyage contenant des publications sur les destinations peut opter pour une structure de permaliens personnalisée qui intègre le titre de la publication, rendant les URL descriptives et conviviales.

L'optimisation SEO va encore plus loin avec l'intégration des "Paramètres" proposés par les plugins SEO comme Yoast SEO. Ces plugins offrent un contrôle granulaire sur les méta-titres, les descriptions et l'optimisation des mots-clés pour les publications et les pages individuelles. Par exemple, un détaillant de mode en ligne peut utiliser Yoast SEO pour créer des méta-descriptions attrayantes qui incitent les utilisateurs à cliquer sur les listes de produits, renforçant ainsi le trafic de recherche organique.

La sécurité est primordiale et les "Paramètres" englobent des mesures pour l'améliorer. L'activation de SSL (Secure Sockets Layer) assure le cryptage des données lors des interactions des utilisateurs, notamment lors des transactions sensibles. Les sites Web qui traitent les paiements ou gèrent les données des utilisateurs, tels que les boutiques en ligne ou les plateformes d'adhésion, bénéficient de la mise en œuvre de SSL.

c. Sélection et personnalisation de votre thème

Le processus de sélection et de personnalisation d'un thème WordPress incarne une étape cruciale dans la création d'une identité en ligne et d'une expérience utilisateur distinctes. Les thèmes servent de fondations visuelles et structurelles d'un site Web, déterminant sa mise en page, ses éléments de conception et son esthétique générale. Une sélection éclairée et une personnalisation réfléchie d'un thème reflètent non seulement l'objectif du site Web, mais jouent également un rôle crucial dans l'engagement et la fidélisation des visiteurs. Ce processus implique un équilibre entre l'esthétique préconçue et les modifications sur mesure pour s'aligner sur les objectifs du site Web.

Le référentiel de thèmes WordPress offre une vaste gamme d'options, allant des thèmes gratuits aux thèmes premium, chacun répondant à divers secteurs, styles et fonctionnalités. Par exemple, un blogueur culinaire pourrait opter pour un thème spécialement conçu pour présenter des recettes avec des images vibrantes et une navigation conviviale. Les thèmes premium, disponibles à l'achat sur des places de marché réputées, offrent souvent des fonctionnalités plus avancées, une assistance dédiée et des options de personnalisation améliorées, destinées aux entreprises à la recherche d'une présence en ligne unique.

Lors de la sélection d'un thème, la compatibilité avec le contenu et les objectifs du site Web est primordiale. Des éléments tels que la disposition de l'en-tête, le placement de la barre latérale, la palette de couleurs et la typographie doivent correspondre à l'image de marque et à la niche du site Web. Un magazine de style de vie, par exemple, pourrait privilégier un thème qui accueille de grandes images et des arrangements de contenu dynamiques pour capturer l'essence de ses divers sujets.

Lors de la sélection d'un thème, la personnalisation permet aux administrateurs de sites Web d'insuffler leur identité unique. Le WordPress Customizer, une interface conviviale, permet des modifications en temps réel des éléments de conception. De la modification des schémas de couleurs à l'ajustement des styles de police, ces personnalisations garantissent l'alignement avec la marque du site Web. Par exemple, un site Web d'actualités technologiques pourrait personnaliser la palette de couleurs de son thème pour refléter la nature dynamique et avant-gardiste de son contenu.

Une personnalisation avancée peut être obtenue grâce à l'utilisation de thèmes enfants. Ces thèmes héritent des attributs d'un thème parent tout en permettant aux développeurs d'implémenter des modifications personnalisées sans affecter les fonctionnalités de base. Ceci est particulièrement utile pour préserver les personnalisations grâce aux mises à jour de thème. Un site Web de galerie d'art, par exemple, pourrait utiliser un thème enfant pour personnaliser la mise en page et la conception tout en conservant les corrections de bogues et les améliorations de sécurité du thème parent.

De plus, Custom CSS permet des modifications de conception granulaires. Ceci est illustré lorsqu'un site Web de festival de musique souhaite une mise en page unique pour son calendrier d'événements, avec des ajustements CSS appliqués pour s'aligner sur la marque de l'événement. Ce niveau de personnalisation souligne la mesure dans laquelle les thèmes peuvent être adaptés pour s'adapter à des fonctionnalités et des préférences visuelles spécifiques.

Le choix des plugins recoupe également la personnalisation du thème. Les thèmes peuvent offrir un support intégré pour des plugins spécifiques ou s'intégrer de manière transparente avec les plus populaires. Considérez une boutique en ligne utilisant WooCommerce pour la fonctionnalité de commerce électronique. La sélection d'un thème prenant en charge WooCommerce garantit une conception harmonieuse des pages de produits, des dispositions de panier et des processus de paiement.

Chapitre 3 : Création et gestion de contenu

a. Créer des publications et des pages convaincantes

L'art de créer des publications et des pages convaincantes dans le système de gestion de contenu (CMS) WordPress représente une facette essentielle d'une communication numérique efficace et de l'engagement des utilisateurs. Ces messages et pages sont les éléments constitutifs du contenu d'un site Web, représentant sa voix, son récit et ses objectifs uniques. Une approche nuancée de la création de contenu implique non seulement l'agencement méticuleux du texte, des éléments multimédias et interactifs, mais également une compréhension astucieuse des publics cibles et de la dynamique de la communication en ligne.

La création de contenu efficace commence par une compréhension du public cible et de l'objectif de chaque publication ou page. Un article de blog partageant des conseils de voyage, par exemple, devrait répondre aux amateurs d'aventure, offrant des idées, des recommandations et des récits engageants qui correspondent à leurs intérêts. De même, la page "À propos de nous" d'un site Web d'entreprise doit résumer l'histoire, les valeurs et la mission de l'entreprise d'une manière qui résonne auprès des clients ou partenaires potentiels.

La structure du contenu est cruciale pour la lisibilité et l'engagement. L'utilisation de titres, de sous-titres et de puces améliore l'écrémage et facilite l'absorption des informations. Envisagez un article de blog sur la santé et le bien-être sur les routines de fitness. La décomposition du contenu en sections telles que "Exercices d'échauffement", "Entraînement musculaire" et "Conseils de récupération" aide les lecteurs à naviguer efficacement dans les informations, répondant à la fois à ceux qui recherchent des détails complets et à ceux qui recherchent des conseils spécifiques.

L'intégration d'éléments multimédias, tels que des images, des vidéos et des infographies, améliore l'attrait et l'engagement du contenu. Un blog de cuisine, par exemple, peut inclure des images étape par étape à côté d'une recette, fournissant des repères visuels pour chaque étape de cuisson. De même, un site Web de mode peut incorporer des vidéos présentant des conseils de style vestimentaire, fusionnant efficacement la communication visuelle et textuelle.

Les hyperliens jouent un rôle crucial dans l'enrichissement du contenu en fournissant un contexte supplémentaire ou en dirigeant les utilisateurs vers des ressources connexes. Ces liens facilitent une compréhension holistique du sujet tout en encourageant les utilisateurs à explorer davantage. Un article de blog éducatif traitant du changement climatique peut inclure des hyperliens vers des études scientifiques, des articles ou des organisations réputées, améliorant ainsi la crédibilité et la valeur du contenu.

Des appels à l'action (CTA) efficaces stimulent l'engagement et l'interaction des utilisateurs. Qu'il s'agisse d'inviter les lecteurs à partager leurs réflexions dans la section des commentaires, de s'abonner à une newsletter ou d'explorer du contenu connexe, les CTA stimulent la participation des utilisateurs et favorisent le développement de la communauté. Par exemple, un article de blog sur la photographie présentant une collection de photographies de paysages pourrait se conclure par un CTA encourageant les lecteurs à partager leurs destinations de voyage préférées.

L'impact de l'optimisation des moteurs de recherche (SEO) ne peut être sous-estimé dans le contexte de la création de contenu. L'optimisation du contenu avec des mots-clés pertinents, des méta-descriptions et un texte alternatif pour les images améliore la probabilité d'un classement plus élevé dans les résultats des moteurs de recherche. Ceci est crucial pour un site Web de conseil financier visant à attirer des clients potentiels à la recherche de conseils en investissement.

b. Améliorer le contenu avec le multimédia

L'intégration d'éléments multimédias dans le contenu numérique a révolutionné la manière dont l'information est présentée et consommée. Dans le contexte du système de gestion de contenu WordPress (CMS), l'incorporation stratégique de multimédia, tels que des images, des vidéos, de l'audio et des graphiques interactifs, améliore la qualité du contenu, améliore l'engagement des utilisateurs et augmente l'expérience globale de narration. Cette convergence de divers types de médias ajoute de la profondeur, de la clarté et de l'interactivité aux récits textuels, favorisant un environnement numérique plus immersif et convaincant.

L'inclusion d'images est la pierre angulaire de la création de contenu multimédia riche. Les éléments visuels complètent le texte en fournissant des repères visuels, en soulignant les points clés et en améliorant la compréhension globale. Par exemple, dans un article de blog de voyage traitant d'une randonnée en montagne, des images haute résolution du sentier, des vues panoramiques et de l'équipement aident les lecteurs à visualiser l'expérience, rendant le contenu plus pertinent et attrayant.

Les vidéos amplifient encore l'expérience multimédia, permettant une narration dynamique à travers le mouvement et le son. Un site Web de fitness, par exemple, peut présenter des vidéos de démonstration d'entraînement, illustrant les techniques appropriées et favorisant la compréhension de l'utilisateur. De même, un blog de mode peut présenter des entretiens vidéo avec des designers, offrant un aperçu intime de leurs processus créatifs.

Les éléments audio contribuent à l'engagement auditif, en particulier dans le contenu ou les récits de style podcast. Dans un article de blog littéraire traitant du travail d'un auteur, des extraits de livres audio pertinents peuvent offrir aux auditeurs une expérience immersive du rythme et du ton de la prose, améliorant la compréhension et l'appréciation du mot écrit.

Les graphiques et infographies interactifs offrent une approche innovante pour présenter des données ou des concepts complexes. Par exemple, un article de blog éducatif expliquant le changement climatique peut incorporer une carte interactive présentant les tendances de la température au fil des ans. Les utilisateurs peuvent manipuler la carte pour visualiser l'évolution des modèles climatiques mondiaux, favorisant ainsi une meilleure compréhension du sujet.

Le contenu généré par les utilisateurs améliore encore l'engagement, transformant les consommateurs en participants actifs. Les flux de médias sociaux intégrés dans les articles ou les pages de blog peuvent présenter des expériences utilisateur réelles liées au sujet du contenu. Pour une publication de critique de restaurant, l'incorporation de publications Instagram de clients satisfaits fournit des témoignages authentiques et un sentiment de communauté.

La prise en compte de l'accessibilité est cruciale lors de l'intégration du multimédia. Fournir du texte alternatif pour les images, des sous-titres pour les vidéos et des transcriptions pour l'audio garantit que le contenu est accessible aux personnes handicapées. Cette inclusivité est conforme aux principes d'éthique numérique et de diffusion équitable de l'information.

c. Organiser et gérer efficacement votre contenu

Le système de gestion de contenu WordPress (CMS) offre un cadre puissant pour créer et diffuser du contenu, mais son véritable potentiel est réalisé lorsque le contenu est organisé et géré efficacement. L'art de l'organisation du contenu va au-delà de la simple catégorisation - il englobe l'arrangement stratégique, la récupération et la maintenance du contenu pour optimiser l'expérience utilisateur, la navigation et l'accessibilité. Dans un paysage numérique inondé d'informations, la capacité à présenter des contenus de manière structurée et cohérente est fondamentale pour engager les utilisateurs et faciliter leurs interactions.

Les catégories et les balises sont des outils fondamentaux pour l'organisation du contenu dans WordPress. Les catégories regroupent les articles liés sous de larges parapluies thématiques, tandis que les balises fournissent des descripteurs plus fins qui permettent aux utilisateurs d'explorer le contenu en fonction de mots clés spécifiques. Par exemple, dans un blog culinaire, les catégories peuvent inclure "Recettes", "Conseils de cuisine" et "Critiques de restaurants", tandis que les balises peuvent englober "végétarien", "desserts" ou "sans gluten", aidant les utilisateurs à identifier le contenu. qui correspond à leurs intérêts.

La structure du contenu et la navigation influencent l'expérience utilisateur. L'utilisation d'une hiérarchie claire et logique de menus, de sous-menus et de mises en page garantit aux utilisateurs une navigation transparente entre les sections. Un site Web de voyage peut utiliser des menus hiérarchiques pour séparer les destinations en continents, pays et villes, guidant les utilisateurs à travers un chemin de navigation intuitif.

Le concept de calendrier de contenu est essentiel pour une gestion de contenu cohérente et stratégique. Il permet aux créateurs de contenu de planifier, programmer et aligner le contenu sur les tendances saisonnières, les événements ou les lancements de produits. Un site Web de commerce électronique, par exemple, peut organiser un calendrier de contenu qui s'aligne sur les saisons d'achat, garantissant des promotions de produits opportunes et pertinentes.

La mise en œuvre de liens internes dans le contenu améliore l'engagement des utilisateurs et le référencement. Les hyperliens vers des publications ou des pages connexes d'un site Web guident non seulement les utilisateurs vers des informations pertinentes supplémentaires, mais aident également les moteurs de recherche à comprendre l'interdépendance du contenu. Un blog éducatif traitant d'événements historiques peut inclure des liens vers des articles précédents qui fournissent un contexte de fond, favorisant ainsi une expérience d'apprentissage complète.

Les métadonnées de contenu, y compris les dates de publication et les informations sur l'auteur, contribuent à la transparence et à la crédibilité. Ces métadonnées renforcent la confiance des utilisateurs en transmettant l'actualité et l'autorité du contenu. Dans un site Web d'actualités, l'affichage bien en vue de la date de publication à côté des articles d'actualité renforce l'engagement du site à fournir des informations actuelles.

L'intégration d'une fonctionnalité de recherche rationalise la découverte de contenu, permettant aux utilisateurs de trouver rapidement des informations spécifiques. Un blog technologique, par exemple, peut bénéficier d'une barre de recherche robuste qui permet aux utilisateurs de localiser des articles par mots-clés, sujets ou noms de logiciels spécifiques.

La maintenance du contenu fait partie intégrante du maintien d'un site Web de haute qualité. La mise à jour et la révision régulières de contenus obsolètes ou inexacts améliorent non seulement l'expérience utilisateur, mais renforcent également le classement des moteurs de recherche. Un site Web de soins de santé peut examiner régulièrement les informations médicales pour garantir leur exactitude et refléter les dernières découvertes de la recherche.

Chapitre 4 : Maîtriser les Plugins et Widgets

a. Explorer les plugins essentiels

Les plugins font partie intégrante de l'écosystème WordPress, augmentant la fonctionnalité de base du système de gestion de contenu (CMS) en ajoutant diverses fonctionnalités, fonctionnalités et options de personnalisation. Ces ajouts modulaires permettent aux administrateurs de sites Web d'étendre la portée de leurs sites Web, d'améliorer l'expérience utilisateur et de rationaliser diverses tâches sans connaissances approfondies en matière de codage. Explorer les plugins essentiels de WordPress offre un aperçu de la nature dynamique de son écosystème et de sa capacité à s'adapter à une multitude de besoins de sites Web.

Une catégorie de plug-ins essentielle se concentre sur l'optimisation des moteurs de recherche (SEO), qui optimise les sites Web pour les moteurs de recherche afin d'améliorer la visibilité et le trafic organique. Des plugins comme Yoast SEO fournissent des outils pour personnaliser les méta-titres, les descriptions et les mots-clés pour les pages et les publications individuelles. Par exemple, un blog de voyage peut optimiser son contenu en personnalisant les métadonnées pour refléter les mots-clés pertinents pour des destinations spécifiques, attirant les lecteurs intéressés par les informations liées aux voyages.

La sécurité est primordiale et les plugins de sécurité sont indispensables pour protéger les sites Web contre les activités malveillantes. Wordfence, par exemple, offre une protection par pare-feu, une analyse des logiciels malveillants et des mesures de sécurité de connexion. Ceci est particulièrement crucial pour les sites Web de commerce électronique qui traitent des informations sensibles sur les clients, garantissant la confidentialité et l'intégrité des transactions.

Les performances d'un site Web dépendent souvent de sa vitesse de chargement. Les plugins de mise en cache, tels que W3 Total Cache, optimisent les performances du site Web en stockant des versions statiques des pages et en les livrant aux utilisateurs, en réduisant la charge du serveur et en améliorant les temps de chargement. Pour un magazine en ligne proposant un contenu multimédia riche, un plug-in de mise en cache peut améliorer considérablement l'expérience utilisateur en réduisant les temps de chargement des articles contenant beaucoup d'images.

Les sites Web de commerce électronique bénéficient de plugins spécialisés comme WooCommerce, qui transforme WordPress en une plate-forme de boutique en ligne robuste. WooCommerce offre des fonctionnalités telles que le catalogage des produits, la gestion des stocks et les passerelles de paiement sécurisées. Une boutique de mode, par exemple, peut utiliser WooCommerce pour gérer de manière transparente les listes de produits, les commandes des clients et les transactions de paiement.

Les formulaires de contact sont essentiels pour l'interaction des utilisateurs, et des plugins comme Contact Form 7 facilitent leur création et leur intégration. Ces plugins offrent des champs de formulaire personnalisables, des notifications par e-mail et une protection anti-spam. Un site Web immobilier peut utiliser un plug-in de formulaire de contact pour permettre aux acheteurs potentiels de soumettre des demandes de renseignements sur des propriétés spécifiques, en rationalisant la communication.

L'intégration des médias sociaux est essentielle pour étendre la portée numérique, et les plugins de partage social permettent aux utilisateurs de partager facilement du contenu sur diverses plateformes. Des plugins comme ShareThis fournissent des boutons de partage social personnalisables pour les publications et les pages. Un blog de style de vie, par exemple, peut incorporer des boutons de partage social pour encourager les lecteurs à partager des articles perspicaces sur leurs profils personnels de médias sociaux.

Les plugins multilingues facilitent la création de sites Web dans plusieurs langues, répondant à divers publics mondiaux. WPML (WordPress Multilingual Plugin), par exemple, permet la traduction de contenu et la personnalisation spécifique à la langue. Un site Web de tourisme international peut utiliser un tel plugin pour présenter du contenu dans différentes langues, en adaptant les informations pour attirer des visiteurs de différentes régions.

b. Installation et activation des plugins

Les plugins font partie intégrante de l'écosystème WordPress, offrant une passerelle pour étendre les fonctionnalités et les capacités d'un site Web. Le processus d'installation et d'activation des plug-ins est une étape fondamentale qui permet aux administrateurs de sites Web de personnaliser leurs plateformes numériques en fonction de besoins et d'objectifs spécifiques. Comprendre les subtilités de ce processus est crucial pour exploiter le potentiel du vaste référentiel de plug-ins et optimiser les performances et l'expérience utilisateur du site Web.

Le processus d'installation commence par la sélection d'un plugin souhaité dans le vaste référentiel de plugins WordPress. Ce référentiel héberge une gamme variée de plugins, chacun conçu pour répondre à des fonctionnalités uniques, de l'optimisation du référencement et de l'intégration du commerce électronique au partage des médias sociaux et aux améliorations de la sécurité. Par exemple, un site Web de portfolio de photographies peut sélectionner un plug-in de galerie pour présenter avec élégance le contenu visuel, tandis qu'un site Web d'actualités peut opter pour un plug-in qui facilite la catégorisation et le tri des articles.

Lors de la sélection d'un plugin, les administrateurs lancent le processus d'installation en accédant au tableau de bord WordPress et en accédant à la section "Plugins". Par la suite, l'option "Ajouter un nouveau" permet aux utilisateurs de rechercher le plugin souhaité à l'aide de mots-clés ou de noms pertinents. Une fois localisé, le plugin choisi peut être installé en un seul clic. Ce processus rationalisé facilite l'intégration rapide de nouvelles fonctionnalités sans exigences de codage complexes.

Après l'installation, l'étape d'activation est cruciale pour que le plugin devienne opérationnel. Un administrateur doit cliquer sur le bouton "Activer" à côté du plugin installé dans la section "Plugins". Lors de l'activation, le plugin s'intègre de manière transparente à l'architecture du site Web, étendant ses capacités et offrant une interface conviviale dans le tableau de bord WordPress.

Les paramètres de configuration varient pour chaque plugin et sont généralement accessibles via le tableau de bord WordPress. Par exemple, un plugin de mise en cache peut offrir des options pour spécifier les délais d'expiration du cache ou exclure certaines pages de la mise en cache. Un plugin de podcasting pourrait présenter des paramètres pour les formats de fichiers audio, les métadonnées des épisodes et les options d'abonnement.

Il est impératif de faire preuve de prudence lors de la sélection des plugins pour éviter les problèmes de compatibilité et les vulnérabilités de sécurité. Installez uniquement des plugins provenant de sources fiables et vérifiez les avis des utilisateurs et la fréquence de mise à jour. La mise à jour régulière des plugins vers les dernières versions garantit la compatibilité avec le noyau WordPress et offre un accès aux nouvelles fonctionnalités et correctifs de sécurité.

De plus, une utilisation excessive de plugins peut nuire aux performances du site Web, entraînant des temps de chargement plus lents et des conflits potentiels. Les administrateurs doivent donner la priorité aux fonctionnalités essentielles et effectuer des audits périodiques des plugins pour supprimer les plugins redondants ou inactifs. Cette approche d'optimisation est cruciale pour maintenir une plateforme numérique rationalisée et efficace.

c. Tirer parti des widgets pour une fonctionnalité améliorée

Les widgets constituent une facette indispensable du système de gestion de contenu WordPress (CMS), permettant aux administrateurs de sites Web d'augmenter leurs plateformes avec des fonctionnalités dynamiques et des éléments de contenu. Les widgets sont des composants modulaires qui peuvent être intégrés sans effort dans des zones prédéfinies de la mise en page d'un site Web, telles que les barres latérales, les pieds de page ou les en-têtes. Cette utilisation stratégique des widgets offre aux administrateurs la possibilité de personnaliser l'expérience utilisateur de leur site Web, d'améliorer l'interactivité et d'amplifier l'engagement. Une exploration de la manière d'exploiter efficacement les widgets souligne leur rôle central dans la personnalisation des sites Web pour répondre à divers objectifs et préférences du public.

Les widgets sont accessibles via la section "Apparence" du tableau de bord WordPress, offrant aux administrateurs un référentiel de composants prédéfinis qui englobent une variété de fonctionnalités. Des exemples de widgets incluent les publications récentes, les publications populaires, les flux de médias sociaux, les barres de recherche et les formulaires d'abonnement. Par exemple, un blog de style de vie peut utiliser le widget "Messages récents" dans sa barre latérale pour encourager les lecteurs à explorer les dernières offres de contenu.

L'intégration des widgets est transparente et ne nécessite aucune expertise en matière de codage. Les administrateurs peuvent facilement faire glisser et déposer des widgets dans des zones de widgets désignées. Ces zones sont souvent standardisées au sein de thèmes, tels que la barre latérale ou le pied de page principal, mais peuvent également être personnalisées par les développeurs pour répondre à des préférences de mise en page spécifiques. Un site Web d'entreprise peut choisir d'incorporer un widget "Appel à l'action" dans son en-tête, incitant les visiteurs à les contacter pour toute demande de renseignements.

Les widgets améliorent l'interactivité et l'engagement des utilisateurs, favorisant une expérience de navigation dynamique. Les widgets de calendrier, par exemple, permettent aux utilisateurs d'accéder aux informations sur les événements, tandis que les widgets de commentaires récents facilitent l'engagement direct en présentant les discussions en cours. Pour un site Web axé sur la communauté, l'intégration d'un widget de commentaires récents encourage les lecteurs à se joindre aux discussions, favorisant un sentiment de participation et d'appartenance.

Les sites Web de commerce électronique exploitent les widgets pour promouvoir les produits et les offres. Le widget « Produits en vedette » peut être placé en évidence sur la page d'accueil, mettant en valeur les produits sélectionnés et dirigeant les utilisateurs vers la boutique en ligne. Cela améliore non seulement l'attrait visuel, mais stimule également les ventes en mettant en lumière les produits d'intérêt.

Des widgets personnalisés peuvent être développés pour répondre à des besoins spécifiques, en s'alignant sur les objectifs uniques d'un site Web. Les widgets personnalisés peuvent aller des fonctionnalités de recherche avancées aux visualisations de données. Un site Web immobilier peut introduire un widget personnalisé qui permet aux utilisateurs de filtrer les listes de propriétés en fonction de divers critères, rationalisant ainsi les recherches de propriétés.

La conception réactive fait partie intégrante du processus de mise en œuvre du widget. Les widgets doivent être sélectionnés et organisés en pensant aux utilisateurs mobiles afin de garantir une expérience utilisateur optimale sur tous les appareils. Les widgets avec un contenu excessif ou des fonctionnalités complexes pourraient être mieux adaptés à l'affichage sur ordinateur, tandis que des widgets plus simples garantissent une navigation mobile efficace.

Comme pour les plugins, il est important de faire preuve de discrétion lors de la sélection des widgets pour éviter de surcharger le site Web et d'affecter les performances. Trop de widgets peuvent entraîner des mises en page encombrées, des temps de chargement lents et des problèmes d'utilisation potentiels. Les administrateurs doivent donner la priorité aux widgets qui correspondent aux objectifs de leur site Web et aux préférences du public.

Chapitre 5 : Naviguer dans les thèmes et les modèles

a. Comprendre les options de thème

Le concept d'options de thème englobe une facette importante de l'écosystème WordPress, offrant aux administrateurs de sites Web une plate-forme pour configurer, personnaliser et affiner les fonctionnalités et les attributs visuels de leurs thèmes sélectionnés. Ces options fournissent une interface structurée dans le tableau de bord WordPress, permettant aux administrateurs d'effectuer une série d'ajustements sans se plonger dans le code ni nécessiter une expertise technique approfondie. La compréhension des options de thème souligne la malléabilité et l'adaptabilité des thèmes WordPress, permettant aux administrateurs d'adapter l'esthétique, la mise en page et les fonctionnalités de leurs sites Web pour s'aligner sur des objectifs spécifiques de marque, d'expérience utilisateur et de contenu.

Dans le tableau de bord WordPress, les options de thème sont accessibles via la section "Apparence". En naviguant vers le panneau d'options de thème spécifique, les administrateurs rencontrent un éventail de paramètres classés en sections intuitives, chacune influençant un aspect spécifique de la conception et des fonctionnalités du site Web. Ces options couvrent les schémas de couleurs, les choix de typographie, les configurations de mise en page, les styles d'en-tête et de pied de page, etc. Par exemple, un site Web d'entreprise peut manipuler les options de thème pour sélectionner une palette de couleurs qui s'aligne sur les couleurs de sa marque et respire le professionnalisme.

Les choix de typographie dans les options de thème permettent aux administrateurs de dicter les styles de police, les tailles et l'espacement sur l'ensemble du site Web. Ceci est crucial pour établir une cohérence dans la présentation du texte et s'aligner sur l'identité du site Web. Un portail d'actualités peut sélectionner une police lisible pour les articles et les titres qui complète le sérieux de son contenu.

Les configurations de mise en page permettent aux administrateurs d'organiser le contenu de manière distincte. Les options de thème offrent des choix pour le placement de la barre latérale, la largeur du contenu et la disposition des articles/pages. Un portfolio de photographies, par exemple, peut opter pour une mise en page pleine largeur pour mettre en valeur les images sans distraction, renforçant ainsi l'impact visuel de la photographie.

La personnalisation de l'en-tête et du pied de page est essentielle pour créer une identité de marque cohérente. Les options de thème permettent aux administrateurs de télécharger des logos, d'ajuster la taille des logos et de modifier les styles d'en-tête. Pour un établissement d'enseignement, la personnalisation de l'en-tête pour incorporer le logo de l'école, les coordonnées et une barre de recherche peut favoriser un sentiment de professionnalisme et améliorer la navigation de l'utilisateur.

De plus, les options de thème s'étendent à l'intégration des médias sociaux, permettant aux administrateurs de saisir des liens de profil de médias sociaux. Ces liens peuvent ensuite être affichés via des icônes dédiées dans l'en-tête ou le pied de page. Une organisation à but non lucratif peut tirer parti de cette fonctionnalité pour favoriser les relations avec les supporters et diffuser les mises à jour via les plateformes de médias sociaux.

Bien que les options de thème offrent une personnalisation étendue, la modération est essentielle pour maintenir une conception cohérente. Une personnalisation excessive peut entraîner un encombrement visuel et nuire à l'expérience utilisateur. Les administrateurs doivent faire preuve de retenue et tenir compte de l'harmonie entre les éléments de conception.

b. Personnaliser les thèmes avec WordPress Customizer

Le personnalisateur WordPress est un outil puissant au sein du système de gestion de contenu WordPress (CMS), offrant aux administrateurs une interface conviviale pour personnaliser et affiner les aspects visuels des thèmes choisis. Ce processus de personnalisation permet aux propriétaires de sites Web d'aligner l'esthétique de leurs sites Web sur l'identité de la marque, les préférences des utilisateurs et les objectifs spécifiques. Le personnalisateur WordPress sert de passerelle pour transformer un thème choisi en un environnement numérique unique et résonnant, permettant aux administrateurs d'exercer un contrôle créatif sur les éléments de conception et l'expérience utilisateur.

En accédant à WordPress Customizer, les administrateurs ont accès à une suite complète d'options couvrant divers éléments de conception. Ces éléments englobent la typographie, les schémas de couleurs, les configurations de mise en page, les images d'arrière-plan, les conceptions d'en-tête et de pied de page, etc. Par exemple, un site Web de galerie d'art peut utiliser WordPress Customizer pour ajuster les styles et les tailles de police en fonction du thème artistique du site Web, en établissant une identité visuelle cohérente.

Les couleurs sont fondamentales pour évoquer des émotions et des associations, et WordPress Customizer permet une personnalisation méticuleuse des couleurs. Les utilisateurs peuvent sélectionner des couleurs primaires et secondaires qui reflètent la marque, le contenu et la niche du site Web. Un site Web de festival de musique, par exemple, peut harmoniser sa palette de couleurs avec des teintes vibrantes qui font écho à l'atmosphère animée du festival.

Le personnalisateur WordPress favorise les modifications en temps réel, permettant aux administrateurs de prévisualiser instantanément les modifications. Au fur et à mesure que les palettes de couleurs, les polices et les configurations de mise en page sont ajustées, l'apparence du site Web change en conséquence dans le volet de prévisualisation. Cet aperçu en temps réel permet aux administrateurs d'affiner les choix de conception et d'assurer une présentation visuelle cohérente.

La personnalisation de l'en-tête et du pied de page est essentielle pour établir une identité de marque et une expérience de navigation utilisateur cohérentes. Les administrateurs peuvent télécharger des logos personnalisés, ajuster la taille des logos et configurer des dispositions d'en-tête qui améliorent l'attrait visuel. Pour une boutique en ligne, la personnalisation de l'en-tête avec le logo de la boutique, le menu de navigation et une barre de recherche proéminente peut rationaliser l'expérience d'achat.

D'autres options de personnalisation s'étendent aux widgets et au placement des menus. Les administrateurs peuvent ajuster les positions des widgets, permettant l'incorporation de fonctionnalités essentielles telles que les flux de médias sociaux, les formulaires d'abonnement ou les bannières promotionnelles. Le placement du menu peut être personnalisé pour optimiser la navigation de l'utilisateur, en guidant les visiteurs à travers les sections importantes du site Web. Une plate-forme éducative peut garantir que le catalogue de cours ou la bibliothèque de ressources est bien visible via le menu.

L'impact de WordPress Customizer sur la conception réactive est primordial. Les administrateurs peuvent prévisualiser la manière dont les modifications de conception affectent l'apparence du site Web sur divers appareils, garantissant ainsi une expérience utilisateur optimale sur tous les écrans. Ceci est particulièrement pertinent car les utilisateurs mobiles constituent une part substantielle du trafic Web. Un magazine en ligne peut donner la priorité à la lisibilité en ajustant les tailles de police pour les utilisateurs mobiles via WordPress Customizer.

Cependant, la personnalisation doit être abordée en tenant compte de l'expérience utilisateur et de la cohérence de la conception. Des conceptions trop complexes ou des variations de couleurs excessives peuvent entraîner un encombrement et détourner l'attention du contenu. Trouver un équilibre entre l'esthétique et la convivialité est crucial pour créer un site Web attrayant et convivial.

c. Explorer les thèmes enfants pour une personnalisation avancée

Les thèmes enfants constituent une approche sophistiquée au sein de l'écosystème WordPress, offrant aux administrateurs une méthode de personnalisation avancée tout en maintenant l'intégrité et la stabilité du thème parent. Les thèmes enfants héritent des attributs et des fonctionnalités de leurs thèmes parents, ce qui permet aux administrateurs d'apporter des modifications importantes sans altérer les fonctionnalités de base ni risquer que des mises à jour affectent leurs modifications. L'exploration des thèmes enfants souligne leur rôle central dans la facilitation des ajustements de conception complexes, l'amélioration de l'expérience utilisateur et la garantie de la durabilité à long terme des sites Web personnalisés.

Un thème enfant est essentiellement un thème qui hérite sa conception et ses fonctionnalités d'un thème parent. Cet héritage permet aux administrateurs de personnaliser les modèles, les feuilles de style et les fonctions sans modifier les fichiers principaux du thème parent. Par exemple, un site Web de magazine souhaitant une mise en page de page d'accueil unique peut créer un thème enfant pour modifier le modèle de page d'accueil du thème parent, sans compromettre la structure de base du thème parent.

Les thèmes enfants offrent une barrière de protection contre les conséquences des mises à jour du thème parent. Lorsque les thèmes parents subissent des mises à jour pour résoudre des vulnérabilités de sécurité ou introduire de nouvelles fonctionnalités, toutes les modifications directes apportées au thème parent sont écrasées, ce qui peut entraîner des problèmes de compatibilité. Les thèmes enfants contournent ce dilemme en conservant des éléments personnalisés tout en bénéficiant des mises à jour introduites par le thème parent.

La personnalisation avancée via des thèmes enfants englobe la modification des modèles, des feuilles de style et des fonctions. Les administrateurs peuvent personnaliser des modèles individuels tels que des pages de publication uniques ou des pages d'archives, en insufflant leurs éléments de conception uniques ou leurs dispositions de mise en page. Pour un blog musical, un thème enfant peut personnaliser le modèle de publication pour présenter les pistes audio en évidence à côté du texte d'accompagnement.

La personnalisation des feuilles de style permet aux administrateurs d'ajuster la présentation visuelle du site Web. Cela va au-delà des couleurs et des polices pour englober des éléments de conception complexes. Un site Web technologique peut utiliser un thème enfant pour créer une feuille de style personnalisée qui s'aligne sur son esthétique futuriste, en affinant l'apparence des boutons, la typographie et les motifs d'arrière-plan.

Les thèmes enfants permettent également l'incorporation de fonctions et fonctionnalités personnalisées. En ajoutant des extraits de code personnalisés au fichier functions.php du thème enfant, les administrateurs peuvent introduire des fonctionnalités adaptées à leurs sites Web. Par exemple, un site Web basé sur des événements peut intégrer une fonction personnalisée qui calcule et affiche le nombre de jours restants jusqu'à un événement à venir.

La création d'un thème enfant commence par la copie des fichiers nécessaires du thème parent dans un nouveau répertoire. Ce répertoire, accompagné d'une feuille de style référençant le thème parent, est ce qui constitue le thème enfant. Une fois activés dans le tableau de bord WordPress, les modifications du thème enfant ont priorité sur les fichiers du thème parent, garantissant ainsi l'affichage des éléments personnalisés.

Cependant, il est essentiel d'aborder les thèmes enfants avec une compréhension des meilleures pratiques de codage. Des modifications incorrectes peuvent entraîner des erreurs et entraver la fonctionnalité du site Web. Les administrateurs doivent posséder une compréhension de base de HTML, CSS et PHP pour effectuer des personnalisations éclairées et efficaces.

Chapitre 6 : Optimisation des moteurs de recherche

a. Fondamentaux du référencement pour WordPress

L'optimisation des moteurs de recherche (SEO) est un aspect essentiel de la présence et de la visibilité numériques, jouant un rôle central dans l'amélioration de la découvrabilité d'un site Web et l'attraction du trafic organique. Au sein du système de gestion de contenu WordPress (CMS), la maîtrise des fondamentaux du référencement est impérative pour les administrateurs qui souhaitent optimiser leurs sites Web pour les moteurs de recherche et améliorer leur portée en ligne. L'exploration des fondamentaux du référencement pour WordPress souligne les méthodes stratégiques par lesquelles les sites Web peuvent gravir les classements des moteurs de recherche, renforcer l'engagement des utilisateurs et atteindre une durabilité à long terme.

La recherche de mots-clés est la pierre angulaire d'une stratégie de référencement efficace. Il s'agit d'identifier les mots-clés et expressions pertinents que les utilisateurs sont susceptibles de rechercher lorsqu'ils recherchent des informations relatives au contenu du site Web. Des outils de référencement tels que Google Keyword Planner ou SEMrush facilitent ce processus, offrant des informations sur le volume de recherche et la concurrence. Par exemple, un blog de fitness peut donner la priorité à des mots clés tels que "meilleurs entraînements à domicile" ou "conseils nutritionnels" pour s'aligner sur les requêtes des utilisateurs.

Le placement stratégique des mots-clés est essentiel pour l'optimisation sur la page. L'incorporation de mots-clés dans les titres, les sous-titres, les paragraphes d'introduction et les méta-descriptions du contenu envoie des signaux aux moteurs de recherche sur la pertinence du contenu. Par exemple, un site Web de voyage peut garantir que les mots-clés spécifiques à la destination apparaissent naturellement dans les titres et le contenu des articles de blog, améliorant ainsi ses chances de classement pour les requêtes liées aux voyages.

La création de contenu de qualité est fondamentale pour le succès du référencement. Les moteurs de recherche donnent la priorité au contenu qui apporte de la valeur aux utilisateurs. Un contenu de haute qualité, informatif et bien structuré attire les liens organiques et l'engagement, influençant positivement les classements de recherche. Un site Web éducatif peut exceller dans le référencement en créant des guides, des didacticiels et des documents de recherche complets qui répondent aux besoins d'information des utilisateurs.

L'utilisation de méta-titres et de méta-descriptions descriptifs et concis est cruciale pour l'optimisation sur la page. Ces éléments fournissent non seulement aux moteurs de recherche un contexte sur le contenu, mais influencent également les décisions de clic des utilisateurs. Un article de blog technologique sur le dernier smartphone peut comporter un méta-titre comme "Examen approfondi du nouveau smartphone XYZ" pour inciter les utilisateurs à cliquer et à explorer le contenu.

L'optimisation de la structure des permaliens contribue à la fois au référencement et à la convivialité. Un permalien clair et descriptif aide les moteurs de recherche à comprendre le sujet et la pertinence du contenu. Par exemple, un article de blog beauté sur les conseils de soins de la peau peut avoir un lien permanent comme "votresiteweb.com/skincare-tips-for-glowing-skin", incorporant des mots-clés pour une meilleure indexation.

Les liens internes font partie intégrante de l'amélioration de la navigation sur le site Web et de la distribution de la valeur SEO sur les pages. Les administrateurs peuvent insérer des hyperliens vers du contenu connexe dans leur site Web, guidant les utilisateurs pour explorer des informations pertinentes supplémentaires. Un site Web de commerce électronique peut lier des pages de produits à des articles de blog connexes qui fournissent des informations supplémentaires, améliorant à la fois l'expérience utilisateur et le référencement.

La réactivité mobile est primordiale dans le cadre du SEO. Les moteurs de recherche donnent la priorité aux sites Web adaptés aux mobiles, car les utilisateurs mobiles constituent une part importante du trafic Internet. L'utilisation d'une conception réactive garantit que les sites Web sont accessibles et visuellement attrayants sur divers appareils, ce qui contribue à améliorer l'engagement des utilisateurs et les classements de recherche.

b. Optimisation du contenu pour les moteurs de recherche

L'optimisation du contenu pour les moteurs de recherche au sein du système de gestion de contenu WordPress (CMS) est une entreprise stratégique visant à améliorer la visibilité d'un site Web, à améliorer le classement des moteurs de recherche et à attirer du trafic organique. Ce processus implique une série de tactiques sur la page et techniques qui alignent le contenu sur les algorithmes des moteurs de recherche et l'intention de l'utilisateur. L'exploration de l'optimisation du contenu pour les moteurs de recherche met en évidence les méthodes complexes par lesquelles les administrateurs peuvent créer un contenu attrayant, pertinent et découvrable qui résonne à la fois avec les moteurs de recherche et les utilisateurs.

L'intégration des mots-clés est au cœur de l'optimisation du contenu. Les administrateurs doivent identifier et incorporer stratégiquement des mots-clés pertinents qui reflètent les requêtes de recherche des utilisateurs. L'utilisation d'outils tels que Google Keyword Planner permet de découvrir des mots clés très performants avec un volume de recherche substantiel. Par exemple, un article de blog de jardinage sur l'entretien des roses peut intégrer des mots clés tels que "taille des roses" et "conseils d'entretien des roses".

Le placement des mots-clés dans le contenu est essentiel pour la reconnaissance des moteurs de recherche. Les administrateurs doivent naturellement intégrer des mots-clés dans les titres, les sous-titres, les paragraphes d'introduction et tout au long du contenu. Par exemple, un article de revue technique sur le dernier smartphone peut inclure des mots clés tels que "fonctionnalités du smartphone" et "expérience utilisateur" dans les en-têtes pour s'aligner sur les requêtes des utilisateurs.

La structure du contenu influence à la fois l'engagement des utilisateurs et l'indexation des moteurs de recherche. L'utilisation de titres et de sous-titres (H1, H2, etc.) améliore la lisibilité et l'organisation du contenu. Cette pratique permet aux moteurs de recherche de comprendre la hiérarchie du contenu et la pertinence de chaque section. Un article de blog sur l'architecture traitant des matériaux de construction durables peut utiliser efficacement des sous-titres tels que "Avantages des matériaux respectueux de l'environnement" pour améliorer à la fois l'expérience utilisateur et le référencement.

Les méta-titres et les méta-descriptions contribuent à l'optimisation sur la page. Ces extraits fournissent des aperçus succincts du contenu et influencent les taux de clics des utilisateurs. Les administrateurs doivent créer des méta-titres qui intègrent des mots clés principaux et offrent une représentation claire de l'essence du contenu. Par exemple, un article de voyage sur des destinations économiques peut utiliser un méta-titre comme "Explorer des destinations de voyage abordables dans le monde".

Un contenu engageant et informatif est essentiel pour la visibilité sur les moteurs de recherche. Les administrateurs doivent se concentrer sur la fourniture de contenu qui répond aux requêtes des utilisateurs de manière complète et authentique. Un contenu de haute qualité attire l'engagement des utilisateurs, les liens organiques et les partages sociaux, qui ont tous un impact positif sur le classement des moteurs de recherche. Un article de blog sur la santé traitant des directives nutritionnelles peut fournir des informations détaillées sur les macronutriments, la taille des portions et la planification des repas pour une satisfaction globale des utilisateurs.

L'optimisation des images est cruciale pour améliorer à la fois l'expérience utilisateur et le référencement. Les administrateurs doivent incorporer un texte alternatif descriptif pour les images, ce qui aide les moteurs de recherche à comprendre le contenu des visuels. De plus, l'optimisation de la taille des images et des formats de fichiers contribue à accélérer les temps de chargement, ce qui a un impact positif sur l'engagement des utilisateurs et le classement des moteurs de recherche.

Les mises à jour régulières du contenu et la fraîcheur signalent aux moteurs de recherche qu'un site Web est actif et pertinent. Les administrateurs doivent périodiquement revoir et mettre à jour le contenu existant, en incorporant de nouvelles informations ou idées. Cette pratique est particulièrement pertinente pour les sites Web d'actualités ou les blogs traitant de sujets en évolution rapide tels que

les tendances technologiques ou la recherche
en santé.

Chapitre 7 : Extension des fonctionnalités avec des types de publication personnalisés

a. Présentation des types de publication personnalisés

Les types de publication personnalisés représentent une extension sophistiquée du système de gestion de contenu WordPress (CMS), offrant aux administrateurs la possibilité de catégoriser et de gérer divers types de contenu au-delà des publications et des pages standard. Cette fonctionnalité puissante permet aux sites Web d'organiser le contenu d'une manière qui correspond à leurs buts et objectifs spécifiques. L'exploration des types de publication personnalisés souligne leur importance en fournissant un cadre structuré et polyvalent pour la création de contenu, la présentation et l'engagement des utilisateurs.

Le concept de types de publication personnalisés peut être assimilé à différentes sections d'une plate-forme numérique, chacune répondant à des catégories de contenu distinctes. Par exemple, un site Web de voyage peut utiliser des types de publication personnalisés pour séparer le contenu en "Destinations", "Tours" et "Conseils de voyage". Chaque type de publication personnalisé fonctionne comme une entité indépendante, englobant des attributs et des fonctionnalités uniques adaptés à son contenu désigné.

Les types de publication personnalisés sont établis via l'incorporation de code dans le fichier functions.php du thème WordPress ou via des plugins dédiés. Ce code spécifie les paramètres et les attributs qui différencient le type de publication personnalisé des publications et des pages standard. Les administrateurs peuvent définir des étiquettes, des relations hiérarchiques et des fonctionnalités prises en charge pour chaque type de publication personnalisé. Par exemple, un site Web de recettes peut créer un type de publication personnalisé pour "Recettes", en spécifiant des étiquettes telles que "Ingrédients", "Temps de cuisson" et "Niveau de difficulté".

Les attributs et fonctionnalités distincts des types de publication personnalisés permettent une présentation et une interaction de contenu sur mesure. Par exemple, un site Web de portefeuille peut utiliser un type de publication personnalisé pour "Projets", permettant aux administrateurs de présenter des projets individuels avec des descriptions, des images et des témoignages de clients uniques. Cette structure organisée améliore la navigation de l'utilisateur et la compréhension du contenu.

Les types de publication personnalisés offrent une flexibilité et une adaptabilité inhérentes, permettant aux administrateurs d'organiser le contenu en fonction de l'évolution des objectifs.

Un site Web immobilier, par exemple, peut introduire un type de publication personnalisé pour "Propriétés", permettant l'ajout de listes de propriétés détaillées avec des spécifications, des images et des visites virtuelles.

Les taxonomies, telles que les catégories et les balises, font partie intégrante des types de publication personnalisés, facilitant la classification du contenu et la navigation des utilisateurs. Les administrateurs peuvent définir des taxonomies personnalisées spécifiques à chaque type de publication, améliorant ainsi l'organisation du contenu. Un blog musical utilisant des types de publication personnalisés pour "Albums" et "Concerts" peut établir des taxonomies telles que "Genres" et "Lieux" pour une catégorisation précise du contenu.

Les types de publication personnalisés permettent en outre le développement de modèles et de styles d'affichage uniques. Les administrateurs peuvent créer des modèles personnalisés pour chaque type de publication, en adaptant la mise en page et la conception en fonction de l'objectif et de l'audience du contenu. Par exemple, un site Web d'événement peut concevoir un modèle spécialisé pour son type de publication "Événements à venir", mettant en évidence les détails de l'événement et les options d'inscription.

Bien que les types de publication personnalisés offrent des fonctionnalités avancées de gestion de contenu, les administrateurs doivent faire preuve de prudence pour éviter de submerger les utilisateurs avec une catégorisation excessive. Il est essentiel de trouver un équilibre entre les types de contenu et une navigation conviviale pour s'assurer que les utilisateurs peuvent accéder intuitivement aux informations souhaitées.

b. Créer et gérer des types de publication personnalisés

Le processus de création et de gestion des types de publication personnalisés dans le système de gestion de contenu WordPress (CMS) représente une approche sophistiquée qui permet aux administrateurs d'organiser et de présenter divers types de contenu en fonction d'objectifs spécifiques et des préférences du public. Les types de publication personnalisés vont au-delà des publications et des pages standard, permettant aux sites Web de répondre à des catégories de contenu uniques tout en maintenant une expérience utilisateur structurée et cohérente. L'exploration de la création et de la gestion de types de publication personnalisés souligne les étapes complexes que les administrateurs peuvent suivre pour organiser un écosystème de contenu dynamique et organisé.

Pour lancer la création d'un type de publication personnalisé, les administrateurs utilisent soit du code, soit des plugins dédiés. La création basée sur le code implique la modification du fichier functions.php du thème, en spécifiant les étiquettes, les attributs et les fonctionnalités prises en charge pour le type de publication personnalisé. Inversement, des plugins comme "Custom Post Type UI" fournissent une interface conviviale pour générer des types de publication personnalisés sans nécessiter d'expertise en codage. Par exemple, un site Web de photographie peut utiliser un plug-in pour créer un type de publication personnalisé appelé "Galeries", pouvant accueillir diverses collections de photos.

Les attributs tels que les étiquettes et les relations hiérarchiques définissent les caractéristiques d'un type de publication personnalisé. Les étiquettes englobent les noms, les formes singulières et plurielles et les descriptions conviviales. Le site Web d'un restaurant peut établir un type de publication personnalisé nommé "Éléments de menu", avec des étiquettes telles que "Plat", "Plats" et "Découvrez nos plats délicieux".

Les types de publication personnalisés peuvent être associés à des fonctionnalités spécifiques, améliorant leurs fonctionnalités. Par exemple, un site Web de podcast peut créer un type de publication personnalisé pour "Épisodes" et activer des fonctionnalités telles que "Éditeur" et "Extrait", permettant aux administrateurs de saisir les détails et les résumés des épisodes.

Après avoir créé un type de publication personnalisé, les administrateurs gèrent son contenu via une interface dédiée dans le tableau de bord WordPress. Chaque type de publication personnalisé fonctionne indépendamment, avec des attributs de contenu et des champs distincts. Un site Web de site d'emploi, par exemple, peut gérer les offres d'emploi via un type de publication personnalisé, offrant des champs pour les descriptions d'emploi, les liens de candidature et les informations sur l'entreprise.

Les taxonomies personnalisées jouent un rôle central dans la catégorisation et l'organisation du contenu. Les administrateurs peuvent créer des taxonomies spécifiques à chaque type de publication personnalisé, favorisant une classification structurée du contenu. Un site Web de commerce électronique utilisant un type de publication personnalisé pour "Produits" peut établir des taxonomies telles que "Catégories" et "Marques" pour faciliter la navigation dans les produits.

Les modèles de type de publication personnalisés dictent la présentation visuelle du contenu. Les administrateurs peuvent développer des modèles personnalisés qui correspondent à l'objectif et à l'audience du contenu. Par exemple, un site Web d'événements peut créer un modèle pour son type de publication personnalisé "Événements", contenant les détails de l'événement, les dates et les options d'inscription.

Une maintenance et des mises à jour régulières sont essentielles pour une gestion efficace des types de publications personnalisées. Les administrateurs doivent s'assurer que le contenu reste exact, pertinent et aligné sur les objectifs du site Web. Des audits réguliers peuvent identifier le contenu obsolète ou les domaines nécessitant une optimisation.

Chapitre 8 : Création de sites Web de commerce électronique

a. Configurer votre boutique en ligne avec WooCommerce

WooCommerce est un plugin puissant et largement utilisé au sein de l'écosystème WordPress, fournissant aux administrateurs les outils nécessaires pour créer et gérer des boutiques en ligne entièrement fonctionnelles. Cette solution de commerce électronique complète permet aux propriétaires de sites Web de présenter des produits, de gérer les stocks, de faciliter les transactions et de cultiver une expérience d'achat transparente. L'exploration de la création d'une boutique en ligne avec WooCommerce souligne les étapes complexes que les administrateurs peuvent entreprendre pour créer une plate-forme de commerce électronique réussie qui répond à divers produits, préférences des clients et objectifs commerciaux.

La première étape de la configuration d'une boutique en ligne avec WooCommerce consiste à installer et à activer le plugin WooCommerce. Ce processus s'apparente à l'installation de tout autre plugin dans le tableau de bord WordPress. Une fois activé, WooCommerce invite les administrateurs à configurer les paramètres essentiels, notamment la devise, les passerelles de paiement, les méthodes d'expédition et les options fiscales. Par exemple, un magasin d'artisanat peut sélectionner plusieurs passerelles de paiement comme PayPal et les paiements par carte de crédit pour offrir aux clients différents choix de paiement.

La création de produits constitue un aspect essentiel du processus de configuration du commerce électronique. WooCommerce permet aux administrateurs d'ajouter et de catégoriser des produits, de spécifier des prix, de télécharger des images et de fournir des descriptions détaillées. Un magasin de vêtements, par exemple, peut classer les produits en "Hommes", "Femmes" et "Accessoires", en joignant des images et des descriptions pertinentes pour améliorer l'expérience de navigation des produits.

La gestion des stocks est cruciale pour la disponibilité précise des produits et la satisfaction des clients. WooCommerce offre des fonctionnalités pour suivre les niveaux de stock, définir des notifications pour les stocks faibles et gérer les variations de produits telles que les tailles et les couleurs. Un magasin d'électronique peut utiliser ces fonctionnalités pour gérer sa gamme de produits diversifiée et informer rapidement les clients lorsque des produits spécifiques sont épuisés.

La configuration de l'expédition joue un rôle essentiel dans la livraison efficace des produits aux clients. Les administrateurs peuvent définir les zones d'expédition, les méthodes et les coûts en fonction des régions géographiques. Une librairie, par exemple, peut configurer les options d'expédition nationales et internationales, en spécifiant les tarifs et les délais de livraison pour chacun.

L'intégration de la passerelle de paiement est fondamentale pour effectuer des transactions sécurisées et transparentes. WooCommerce prend en charge diverses passerelles de paiement, permettant aux clients de choisir leur méthode préférée. Une épicerie en ligne peut intégrer des passerelles de paiement telles que Stripe et Apple Pay, garantissant la commodité et la sécurité des clients effectuant leurs achats.

La personnalisation du design est cruciale pour maintenir la cohérence de la marque et améliorer l'expérience utilisateur. WooCommerce propose différents thèmes et options de conception pour s'aligner sur l'identité du magasin. Les administrateurs peuvent également choisir de développer des conceptions personnalisées qui correspondent à leur image de marque et à l'esthétique de leurs produits. Un magasin de beauté peut sélectionner un thème qui respire l'élégance et la sophistication, en complément des produits vendus.

Les pages produits et l'optimisation du paiement contribuent à une expérience d'achat fluide. Les administrateurs doivent s'assurer que les pages de produits sont visuellement attrayantes, avec des images de haute qualité et des descriptions concises mais informatives. De plus, la rationalisation du processus de paiement en minimisant le nombre d'étapes et en ne demandant que les informations nécessaires peut réduire les taux d'abandon de panier et faciliter les transactions réussies.

b. Gestion des produits, des paiements et des commandes

une boutique en ligne dans le plugin WooCommerce pour WordPress. Cette triade de composants constitue le cœur des opérations de commerce électronique, englobant la présentation et la catégorisation des produits, la facilitation des paiements sécurisés et le traitement transparent des commandes des clients. L'exploration de la gestion des produits, des paiements et des commandes souligne les stratégies complexes que les administrateurs peuvent utiliser pour créer une expérience d'achat transparente et fiable pour les clients.

La gestion des produits au sein de WooCommerce englobe la création, la catégorisation et la présentation des produits. Les administrateurs peuvent ajouter de nouveaux produits en spécifiant des attributs tels que le titre, la description, le prix, les images et les variantes. Par exemple, un magasin de meubles peut différencier les produits en fonction des dimensions, des couleurs et des matériaux, permettant aux clients de sélectionner leurs options préférées.

La catégorisation facilite la navigation et aide les clients à trouver efficacement les produits qui les intéressent. WooCommerce permet aux administrateurs de créer des catégories de produits et de leur attribuer des produits. Un magasin de fournitures pour animaux de compagnie peut établir des catégories telles que "Fournitures pour chiens", "Fournitures pour chats" et "Fournitures pour oiseaux", garantissant que les clients peuvent rapidement localiser les produits pertinents.

Les balises de produit améliorent encore l'expérience de recherche et de filtrage. Ces étiquettes descriptives aident les clients à affiner leurs choix en fonction d'attributs spécifiques. Une boutique de mode peut étiqueter des produits avec des descripteurs tels que "décontracté", "formel" ou "collection d'été", aidant les clients à trouver des articles adaptés à leurs préférences.

La gestion des paiements s'articule autour de l'intégration de passerelles de paiement sécurisées et pratiques. WooCommerce prend en charge de nombreuses options de paiement, des cartes de crédit aux portefeuilles numériques. Les administrateurs peuvent configurer des passerelles de paiement telles que PayPal, Stripe ou Authorize.net pour s'assurer que les clients peuvent sélectionner leur mode de paiement préféré.

La gestion des commandes implique le suivi des achats des clients et la garantie d'une exécution rapide. WooCommerce fournit une interface dédiée pour afficher, traiter et gérer les commandes. Les administrateurs peuvent accéder aux informations sur chaque commande, y compris les produits achetés, l'état du paiement, les informations d'expédition et les détails du client. Cette interface permet aux administrateurs de rationaliser le traitement des commandes et de répondre efficacement aux demandes des clients.

Les statuts de commande indiquent la progression des commandes de la création à l'exécution. WooCommerce propose des statuts de commande par défaut tels que "En attente", "En traitement", "Terminé" et "Remboursé". Par exemple, un service de boîte d'abonnement peut attribuer aux commandes le statut "Traitement" pendant la préparation des produits pour l'expédition, puis mettre à jour le statut sur "Terminé" une fois la commande expédiée.

Les notifications de commande améliorent la communication et la satisfaction client. WooCommerce envoie automatiquement des e-mails de confirmation de commande aux clients, les tenant informés de leur achat et de son avancement. Les administrateurs peuvent également configurer des notifications supplémentaires pour des actions telles que l'expédition de la commande ou la confirmation du paiement.

Chapitre 9 : Optimisation de la sécurité et des performances

a. Comprendre la sécurité de WordPress

La sécurité de WordPress est une considération essentielle pour les administrateurs de sites Web, car la popularité de la plate-forme la rend vulnérable à diverses menaces et vulnérabilités en ligne. La protection d'un site Web WordPress contre les attaques malveillantes, les violations de données et les accès non autorisés est primordiale pour maintenir l'intégrité du site Web et garantir une expérience utilisateur positive. L'exploration de la sécurité de WordPress souligne les stratégies à multiples facettes que les administrateurs peuvent utiliser pour protéger leurs sites Web contre les risques potentiels.

L'un des aspects fondamentaux de la sécurité de WordPress consiste à maintenir à jour le logiciel de base, les plugins et les thèmes. Des mises à jour régulières corrigent les vulnérabilités et les bogues de sécurité connus, garantissant que le site Web reste résistant aux attaques potentielles. Les administrateurs doivent constamment surveiller les mises à jour et les appliquer rapidement. Par exemple, un site Web d'actualités utilisant un plugin météo doit donner la priorité à la mise à jour du plugin vers la dernière version pour atténuer les failles de sécurité.

L'utilisation de mots de passe forts et uniques est une pratique de sécurité fondamentale mais cruciale. Les administrateurs, ainsi que les utilisateurs ayant accès au site Web, doivent utiliser des mots de passe qui combinent des lettres, des chiffres, des symboles et ne sont pas facilement devinables. Les outils de gestion des mots de passe peuvent aider à générer et stocker des mots de passe complexes en toute sécurité. Les administrateurs d'un site Web d'entreprise doivent éviter d'utiliser des mots de passe faciles à deviner comme "admin" ou "password123", car de tels choix rendent le site Web vulnérable aux attaques par force brute.

La mise en œuvre de l'authentification à deux facteurs (2FA) ajoute une couche de sécurité supplémentaire au processus de connexion. Lorsque 2FA est activé, les utilisateurs ont besoin à la fois de leur mot de passe et d'une deuxième méthode d'authentification, comme un code envoyé à leur appareil mobile, pour accéder au site Web. Cela limite les accès non autorisés même si le mot de passe est compromis. Un site Web de commerce électronique peut utiliser 2FA pour sécuriser les comptes clients, en protégeant les informations sensibles telles que les détails de facturation.

La sécurisation de la page de connexion du site Web est essentielle pour empêcher les tentatives d'accès non autorisées.

L'administration de mesures telles que la limitation des tentatives de connexion et le changement de nom de l'URL de connexion par défaut (wp-login.php) peut contrecarrer les attaques par force brute. Par exemple, un site Web basé sur l'adhésion peut configurer des plugins de sécurité pour verrouiller les utilisateurs après un certain nombre de tentatives de connexion infructueuses.

Des sauvegardes régulières sont essentielles pour la reprise après sinistre et l'atténuation de la sécurité. Les administrateurs doivent planifier des sauvegardes automatiques des fichiers et de la base de données du site Web, en les stockant dans des emplacements hors site sécurisés. En cas de faille de sécurité ou de perte de données, les sauvegardes permettent aux administrateurs de restaurer le site Web à un état antérieur. Le site Web d'un établissement d'enseignement peut régulièrement sauvegarder les données des étudiants et des cours pour éviter la perte d'informations.

L'utilisation de plugins et d'outils de sécurité améliore les mécanismes de défense d'un site Web. Les plugins de sécurité WordPress fournissent des fonctionnalités telles que l'analyse des logiciels malveillants, la protection par pare-feu et la surveillance en temps réel. Les administrateurs peuvent sélectionner des plug-ins de sécurité réputés pour renforcer la sécurité de leurs sites Web. Par exemple, un site Web de soins de santé peut déployer un plugin de sécurité pour surveiller les activités suspectes et protéger les informations des patients.

Se former et former son équipe aux meilleures pratiques de sécurité est crucial pour maintenir une présence en ligne sécurisée. Les administrateurs doivent rester informés des dernières menaces de sécurité, techniques et mesures de prévention. La mise à jour régulière de leurs connaissances peut permettre aux administrateurs de prendre des décisions éclairées concernant la sécurité du site Web, en veillant à ce que le site Web reste résilient face aux menaces émergentes.

b. Mise en œuvre des meilleures pratiques de sécurité

Les meilleures pratiques de sécurité sont la pierre angulaire de la protection des sites Web WordPress contre les menaces et les vulnérabilités potentielles. Ces pratiques englobent une gamme de mesures stratégiques que les administrateurs peuvent utiliser pour créer un environnement en ligne robuste et sécurisé. L'exploration de la mise en œuvre des meilleures pratiques de sécurité souligne l'importance des mesures proactives qui contribuent à l'intégrité du site Web, à la confiance des utilisateurs et à la durabilité à long terme.

Les mises à jour régulières constituent un aspect fondamental des meilleures pratiques de sécurité. Il est essentiel de maintenir à jour le noyau, les plugins et les thèmes de WordPress pour résoudre les vulnérabilités de sécurité connues et garantir des performances optimales. Les administrateurs doivent surveiller régulièrement les mises à jour et les appliquer rapidement. Par exemple, un site Web d'entreprise s'appuyant sur un plug-in de commerce électronique doit donner la priorité à la mise à jour du plug-in vers la dernière version afin d'atténuer toute vulnérabilité potentielle susceptible de compromettre les données des clients.

L'utilisation de mots de passe forts et uniques est un mécanisme de défense fondamental. Les administrateurs, ainsi que les utilisateurs ayant accès au site Web, doivent respecter les consignes de mot de passe qui incluent une combinaison de lettres majuscules et minuscules, de chiffres et de symboles. Le fait d'éviter les mots de passe faciles à deviner, tels que les mots courants ou les numéros séquentiels, renforce la défense du site Web contre les attaques par force brute. Un site Web de forum en ligne devrait encourager ses utilisateurs à créer des mots de passe forts pour protéger leurs comptes et leurs discussions.

L'authentification à deux facteurs (2FA) fournit une couche de sécurité supplémentaire en exigeant que les utilisateurs fournissent deux formes d'authentification avant d'accéder au site Web. Cette pratique limite l'accès non autorisé même si le mot de passe est compromis. Les administrateurs doivent activer 2FA pour tous les utilisateurs, en s'assurant que même si un acteur malveillant obtient le mot de passe, il a toujours besoin d'un deuxième facteur, tel qu'un code unique envoyé à son appareil mobile. Le site Web d'une organisation à but non lucratif peut déployer 2FA pour protéger les informations sensibles des donateurs et empêcher l'accès non autorisé aux données financières.

La restriction des privilèges des utilisateurs est essentielle pour minimiser les dommages potentiels d'une faille de sécurité. Les administrateurs doivent attribuer des rôles et des autorisations en fonction des responsabilités de l'utilisateur. Accorder uniquement les privilèges nécessaires aux utilisateurs réduit le risque d'actions malveillantes accidentelles ou intentionnelles. Le site Web d'un établissement d'enseignement peut garantir que les comptes des étudiants sont limités à l'accès aux supports de cours uniquement, empêchant ainsi l'accès non autorisé aux zones administratives.

Des audits de sécurité et des évaluations de vulnérabilité réguliers sont essentiels pour identifier les faiblesses potentielles et y remédier rapidement. Les administrateurs doivent effectuer périodiquement des audits complets de la posture de sécurité de leur site Web, y compris des révisions de code, des évaluations de plugins et des tests de pénétration. Cette approche proactive permet aux administrateurs d'identifier et de traiter les vulnérabilités avant qu'elles ne soient exploitées par des acteurs malveillants.

L'hébergement sécurisé et les configurations de serveur sont fondamentaux pour la sécurité du site Web. Les administrateurs doivent choisir des fournisseurs d'hébergement réputés qui accordent la priorité aux mesures de sécurité, notamment les pare-feu, les systèmes de détection d'intrusion et les mises à jour régulières du serveur. De plus, les administrateurs doivent configurer les paramètres du serveur pour s'aligner sur les meilleures pratiques de sécurité, telles que la désactivation de la liste des répertoires et l'utilisation d'autorisations de fichiers sécurisés.

La formation des administrateurs et des utilisateurs de sites Web aux meilleures pratiques en matière de sécurité favorise une culture de conscience de la sécurité. Les administrateurs doivent fournir une formation et des ressources à leurs équipes, en insistant sur l'importance de respecter les consignes de sécurité, de reconnaître les menaces potentielles et de signaler les activités suspectes. Des formations régulières garantissent que toute l'équipe est bien outillée pour contribuer à la sécurité du site.

Chapitre 10 : Engager votre audience avec l'intégration des médias sociaux

a. Intégrer les médias sociaux dans votre site Web

L'intégration des médias sociaux dans un site Web est une approche stratégique qui améliore la présence en ligne, favorise l'engagement et amplifie la portée du contenu. À l'ère numérique, les plateformes de médias sociaux servent de canaux de communication essentiels, reliant les entreprises, les organisations et les particuliers à leurs publics cibles. L'exploration de l'intégration des médias sociaux dans un site Web souligne les stratégies à multiples facettes que les administrateurs peuvent utiliser pour tirer parti de la puissance des médias sociaux pour la visibilité de la marque, l'interaction des utilisateurs et la diffusion du contenu.

L'une des principales méthodes d'intégration des médias sociaux dans un site Web consiste à utiliser des boutons de partage social. Ces boutons sont intégrés dans les pages Web, permettant aux utilisateurs de partager facilement du contenu sur leurs profils de médias sociaux. Les administrateurs peuvent positionner stratégiquement les boutons de partage social à proximité de contenus attrayants tels que des articles de blog, des articles ou des pages de produits. Par exemple, un blog de voyage peut comporter des boutons de partage social aux côtés d'articles de destination captivants, encourageant les lecteurs à partager leurs découvertes avec leurs réseaux en ligne.

L'intégration des flux de médias sociaux implique l'affichage en temps réel du contenu des médias sociaux directement sur le site Web. Les widgets ou plugins permettent aux administrateurs d'intégrer des flux de médias sociaux en direct à partir de plates-formes telles que Twitter, Instagram ou Facebook. Un site Web d'art et d'artisanat peut intégrer un flux Instagram affichant du contenu généré par les utilisateurs présentant leurs produits, mettant en valeur une communauté dynamique et engagée.

Les widgets de suivi et de partage des médias sociaux engageants offrent aux utilisateurs la possibilité de se connecter aux profils de médias sociaux d'un site Web et de partager du contenu directement à partir du site Web. Ces widgets peuvent être placés dans des emplacements bien en vue tels que les en-têtes, les pieds de page ou les barres latérales. Le site Web d'une organisation à but non lucratif peut utiliser des widgets de suivi pour encourager les visiteurs à se connecter aux plateformes de médias sociaux de l'organisation et à rester informés de leurs initiatives.

La fonctionnalité de connexion sociale simplifie les processus d'inscription et de connexion en permettant aux utilisateurs d'utiliser leurs identifiants de réseaux sociaux. Cela élimine le besoin pour les utilisateurs de créer de nouveaux comptes, ce qui simplifie l'expérience utilisateur. Un site Web de commerce électronique peut mettre en œuvre des options de connexion sociale, permettant aux clients de se connecter et de passer à la caisse de manière transparente à l'aide de leurs comptes de médias sociaux existants.

L'intégration des médias sociaux s'étend aux stratégies de promotion de contenu, telles que les campagnes de partage sur les médias sociaux. Les administrateurs peuvent développer du contenu spécialement conçu pour les plateformes de médias sociaux et utiliser leur site Web pour promouvoir ces campagnes. Un site Web de fitness peut lancer un défi sur les réseaux sociaux, encourager les utilisateurs à partager leurs progrès d'entraînement sur les réseaux sociaux et utiliser le site Web comme plaque tournante pour les directives et les mises à jour.

La promotion croisée implique le partage du contenu du site Web sur les plateformes de médias sociaux et vice versa. Les administrateurs peuvent publier des extraits d'articles de blog ou de lancements de produits sur les réseaux sociaux, accompagnés de liens qui redirigent les utilisateurs vers le site Web pour des informations plus détaillées. Le site Web d'une entreprise technologique peut partager des vidéos teasers des prochaines versions de produits sur les réseaux sociaux, générant ainsi du trafic vers le site Web pour des spécifications détaillées et des options d'achat.

La surveillance de l'analyse des médias sociaux fournit des informations sur l'efficacité de l'intégration des médias sociaux. Les administrateurs doivent suivre des mesures telles que les taux d'engagement, les taux de clics et la portée pour évaluer l'impact de leurs efforts sur les réseaux sociaux. Ces données guident les administrateurs dans l'affinement de leurs stratégies de médias sociaux afin d'optimiser l'engagement et l'interaction avec le public.

b. Ajout de boutons de partage social

L'intégration de boutons de partage social dans un site Web constitue une stratégie fondamentale pour améliorer la visibilité du contenu, favoriser l'engagement et permettre aux utilisateurs de partager sans effort le contenu du site Web sur leurs réseaux de médias sociaux. Les boutons de partage social servent de pont entre le site Web et diverses plateformes de médias sociaux, facilitant la diffusion du contenu et élargissant sa portée. L'exploration de l'ajout de boutons de partage social souligne les méthodes complexes que les administrateurs peuvent utiliser pour exploiter la puissance de la promotion de contenu généré par l'utilisateur.

Les boutons de partage social sont généralement placés à côté du contenu Web, permettant aux utilisateurs de partager des articles, des articles de blog, des images ou des vidéos en un seul clic. Ces boutons sont conçus pour se connecter de manière transparente aux plateformes de médias sociaux populaires telles que Facebook, Twitter, LinkedIn, Pinterest et autres. Les administrateurs positionnent stratégiquement ces boutons dans des zones visuellement engageantes et facilement accessibles, encourageant les utilisateurs à partager du contenu qui les interpelle. Par exemple, un détaillant de mode peut placer des boutons de partage social à côté des images de produits, permettant aux clients de partager sans effort leurs articles préférés avec leurs cercles sociaux.

La conception et l'apparence des boutons de partage social s'alignent souvent sur l'image de marque du site Web, garantissant une expérience utilisateur cohérente. Les administrateurs peuvent choisir parmi une gamme de styles, de tailles et de couleurs de boutons qui s'harmonisent avec l'esthétique générale du site Web. Un blog culinaire peut personnaliser l'apparence de ses boutons de partage social pour correspondre à son design sur le thème culinaire, en conservant une identité visuelle cohérente.

La fonctionnalité des boutons de partage social s'étend au-delà de leur attrait visuel. Lorsque les utilisateurs cliquent sur ces boutons, une fenêtre contextuelle ou une boîte de dialogue les invite à partager le contenu sur leur plateforme de médias sociaux préférée. Les utilisateurs peuvent personnaliser leurs publications en ajoutant des commentaires, des légendes ou des hashtags avant de les partager. Un site Web d'aventures en plein air peut encourager les utilisateurs à partager leurs dernières expériences de randonnée avec des boutons de partage social, favorisant ainsi une communauté d'amateurs de plein air.

Les boutons de partage social peuvent être intégrés à l'aide de diverses méthodes, notamment le codage manuel, les plugins ou les créateurs de sites Web. Les administrateurs peuvent choisir l'approche qui correspond à leur expertise technique et à l'infrastructure de leur site Web. Un blog de voyage peut utiliser la fonction de bouton de partage social intégrée d'un créateur de site Web pour garantir une mise en œuvre facile et une expérience utilisateur cohérente.

Le suivi de l'efficacité des boutons de partage social est essentiel pour optimiser les stratégies de promotion des contenus. Les administrateurs peuvent suivre des mesures telles que le nombre de partages, de clics et les taux d'engagement associés au contenu partagé. Ces données fournissent des informations sur le contenu qui résonne le plus avec le public et informent les futurs efforts de création et de promotion de contenu.

Les administrateurs doivent tenir compte de la réactivité mobile lors de l'ajout de boutons de partage social. Avec une part importante du trafic Web provenant d'appareils mobiles, il est crucial de s'assurer que les boutons de partage social sont conviviaux et fonctionnels sur les smartphones et les tablettes. Un site Web de galerie d'art peut implémenter des boutons de partage social adaptés aux mobiles pour permettre aux utilisateurs de partager des œuvres d'art captivantes de manière transparente sur leurs appareils mobiles.

c. Affichage des flux sociaux et du contenu

L'intégration des flux de médias sociaux directement dans un site Web offre une expérience dynamique et interactive, permettant aux utilisateurs de s'engager avec du contenu en temps réel à partir de diverses plateformes de médias sociaux. Cette stratégie, souvent mise en œuvre via des widgets ou des plugins, permet aux administrateurs de présenter des publications, des images, des vidéos et des mises à jour de plateformes telles que Twitter, Instagram et Facebook dans le contexte de leur site Web. L'exploration de l'affichage des flux sociaux et du contenu souligne les méthodes que les administrateurs peuvent utiliser pour organiser une expérience multiplateforme transparente et attrayante pour les utilisateurs.

L'intégration des flux de médias sociaux améliore le contenu du site Web en offrant aux utilisateurs une fenêtre sur la conversation plus large sur les médias sociaux autour d'une marque ou d'un sujet. En intégrant des flux en direct directement sur le site Web, les administrateurs permettent aux utilisateurs de visualiser les mises à jour, les discussions et les tendances sans quitter le site Web. Par exemple, un site Web d'actualités peut intégrer un flux Twitter en direct sur sa page d'accueil pour présenter des mises à jour d'actualités en temps réel et des sujets d'actualité.

Les widgets ou plugins conçus pour l'intégration des flux de médias sociaux offrent diverses options de personnalisation. Les administrateurs peuvent choisir le nombre de messages affichés, le style de mise en page et la fréquence des mises à jour. Cette personnalisation garantit que le flux intégré s'aligne sur l'esthétique du site Web et améliore l'engagement des utilisateurs. Un site Web de galerie d'art peut utiliser un widget pour afficher une grille de messages Instagram présentant des installations et des événements artistiques récents.

L'affichage des flux de médias sociaux peut favoriser un sentiment de communauté et d'engagement parmi les utilisateurs. Il permet aux visiteurs d'explorer le contenu généré par les utilisateurs et de se connecter avec des personnes partageant les mêmes idées et partageant des intérêts communs. Par exemple, un blog de fitness peut comporter un flux Instagram intégré qui présente les photos d'entraînement des utilisateurs et leur permet d'interagir avec d'autres passionnés de fitness.

Les administrateurs peuvent positionner stratégiquement les flux de médias sociaux sur des pages Web spécifiques pour compléter le contexte du contenu. Par exemple, un site Web de commerce électronique vendant des équipements de plein air peut intégrer un flux Instagram contenant des photos soumises par les clients de leurs produits en action sur les pages de produits. Cela met non seulement en valeur l'utilisation pratique du produit, mais encourage également les clients potentiels à s'imaginer l'utiliser.

L'affichage des flux de médias sociaux peut être particulièrement utile pour les sites Web événementiels. Une page d'événements peut intégrer des flux Twitter ou Facebook qui affichent les mises à jour liées aux événements, les annonces des conférenciers et les discussions des participants en temps réel. Cela tient les utilisateurs informés de l'évolution de l'événement et favorise l'anticipation et l'engagement.

Les administrateurs doivent s'assurer que le contenu affiché sur les réseaux sociaux correspond à l'image de marque et aux valeurs du site Web. Le contenu généré par l'utilisateur peut renforcer l'authenticité et la confiance, mais une conservation minutieuse est nécessaire pour maintenir le message et le ton voulus du site Web. Par exemple, le site Web d'une organisation à but non lucratif peut utiliser un widget pour afficher des témoignages d'utilisateurs et des histoires qui reflètent l'impact de leurs initiatives.

Bien que l'intégration des flux de médias sociaux améliore l'engagement, les administrateurs doivent être conscients des temps de chargement et des distractions potentielles. La surcharge d'une page Web avec trop de flux de médias sociaux ou d'éléments visuels peut avoir un impact sur la vitesse de chargement des pages et l'expérience utilisateur. Une sélection et un placement minutieux des flux de médias sociaux sont essentiels pour maintenir un équilibre entre l'engagement et les performances du site Web.

CONCLUSION

Dans le paysage en constante évolution de la communication numérique et de la création de contenu, ce livre a fourni un guide complet pour maîtriser l'art de créer et de gérer des sites Web avec WordPress. En tant que pierre angulaire de la présence en ligne pour les entreprises, les organisations et les particuliers, WordPress offre une plate-forme polyvalente et conviviale qui permet aux utilisateurs de créer des sites Web attrayants, fonctionnels et visuellement attrayants. Tout au long de ces pages, nous avons exploré toutes les facettes du parcours de création de site Web, des principes fondamentaux aux techniques avancées qui améliorent les performances, l'esthétique et la fonctionnalité d'un site Web.

De la compréhension de la puissance de WordPress à la navigation dans son tableau de bord en passant par la sélection du bon hébergement, la personnalisation des thèmes et l'optimisation du contenu pour les moteurs de recherche, ce livre a fourni aux lecteurs une compréhension holistique des composants de base qui sous-tendent un site Web réussi. L'exploration des plugins, widgets et options de personnalisation essentiels a permis aux lecteurs d'adapter leurs sites Web pour répondre aux besoins spécifiques de leurs publics cibles tout en maintenant des expériences utilisateur optimales.

En outre, ce livre a mis l'accent sur les aspects critiques de la sécurité, garantissant que les administrateurs sont bien préparés pour protéger leurs domaines numériques contre les menaces et les vulnérabilités potentielles. En intégrant les médias sociaux de manière transparente et en utilisant des stratégies de référencement, les lecteurs ont appris à amplifier leur portée en ligne et à établir une forte empreinte numérique qui résonne avec leur public.

Les divers sujets abordés dans ce livre reflètent la nature multiforme de la création et de la gestion de sites Web. De la création de contenu convaincant et de l'exploitation du multimédia à l'organisation et à la gestion efficaces du contenu, les chapitres ont fourni une feuille de route complète aux administrateurs pour créer des sites Web qui non seulement captivent mais apportent également de la valeur à leurs visiteurs. Le livre a guidé les lecteurs à travers les subtilités de l'intégration du commerce électronique, leur permettant de créer des magasins en ligne qui répondent aux tendances et aux préférences d'achat modernes.

Alors que nous concluons ce voyage, il est important de reconnaître que la création de sites Web est un effort continu. Le paysage numérique continue d'évoluer, présentant de nouvelles technologies, tendances et défis. Cependant, armés des connaissances, des idées et des stratégies présentées dans ce livre, les lecteurs sont bien équipés pour s'adapter et prospérer dans ce monde numérique en constante évolution. Qu'il s'agisse de créer des blogs personnels, des sites Web d'entreprise, des plates-formes de commerce électronique ou des portails riches en contenu, les leçons apprises ici fournissent une base solide aux administrateurs pour explorer, innover et améliorer continuellement leur présence en ligne.

En cette ère de possibilités illimitées, les capacités de WordPress ont permis aux créateurs de transformer des idées en expériences numériques immersives. Grâce aux conseils fournis dans ce livre, les lecteurs sont en mesure de se lancer dans leur propre voyage de transformation numérique, en créant des sites Web qui résonnent, inspirent et se connectent avec des publics du monde entier. Alors que le domaine numérique continue de se déployer, puissent les connaissances acquises ici servir de boussole, guidant les lecteurs vers la création de sites Web non seulement fonctionnels et esthétiques, mais aussi significatifs et percutants.